TAPIOCA

MORENA LEITE

TAPIOCA

HISTÓRIA E RECEITAS

Companhia Editora Nacional
BOCCATO

Índice

Nosso costume

Ingredientes e técnicas contam histórias, coisas que o povo faz, que o povo come, que o povo adora e, por isso, pelo que faz e se identifica, um povo com sua cultura que tem o alimento como parte dessa identidade, um angu amálgama, uma forma de dizer: "sou do povo do açaí, sou do povo do churrasco, sou do povo do dendê, sou do povo da tapioca! Sou do povo do Brasil de tantos sabores".

Mandioca, inhame, aipim, macaxeira. É um monte de nomes da mesma raiz ou quase isso, são muitas as variações das raízes e seus nomes regionais, assim como suas técnicas de manipular e tirar delas subprodutos. Você sabe quem desenvolveu essa tecnologia? Não tem nada a ver com os escravos, que só comiam ração, farinha de mandioca e açúcar e nada podiam desenvolver de culinária.

A tecnologia de preparar a extração da mandioca brava é complexa e toda ela 100% indígena. O professor Ricardo Maranhão vai explicar isso neste livro sobre o perigo da mandioca brava, que tem veneno e pode matar. O professor dizia: "Você imagina quanto índio morreu até conseguirem aprender a extrair o veneno da mandioca?". Olha que tecnologia! A mandioca devia se chamar mesmo de manioca, ou seja, filha da tribo, mani=filha, oca=local onde mora a tribo, e diz a lenda que no lugar em que morreu uma linda índia filha do cacique nasceu uma planta e ela foi, assim, chamada de manioca.

Reconhecemos muito pouco da culinária indígena e atribuímos os feitos aos africanos que aqui eram escravos e não podiam exercer sua cultura, sendo apenas mão de obra da cozinha portuguesa. Claro que deram seus pitacos, mas isso é outra história. O tempo passou e a tapioca agora está na moda como o açaí e o guaraná. A tapioca já foi moda também na Europa, no século XIX, mas como sopa de entrada! Sobre isso não há registros, mas existem menus do século XIX, franceses, que têm como entrada a "tapiôca"! Escrevi como se pronuncia, mas nos menus que estão em português, é tapioca, e em um deles diz Tapioca Crecy, uma sopa de entrada na refeição feita provavelmente com cenoura. Resta saber por que a tapioca como técnica de cocção seca não foi introduzida e apenas sua versão em goma. Talvez porque competir lá com a farinha de trigo, na forma de pão, seria mesmo inviável. Sabemos que no Brasil colônia a tapioca como substituta do pão prosperou exatamente pela falta do trigo no país.

Seja como for, e da forma que for, o que temos hoje é de celebrar nossa tapioca como sabor nacional, nosso modo indígena de preparar a filha da oca, a mandioca, e se dessa tradição e sabor o mundo se farta, o trabalho desbravador da jovem e inventiva chef, Morena Leite, nos mostra a tapioca ainda mais gostosa e mais variada, gastronomicamente, ganhando status em nossa terra e quiçá ganhará novamente o mundo com nossa brasilidade. Morena é da Bahia, mas é de São Paulo, mas é de fato do Brasil todo. E como estudou na França, é mesmo do mundo e, tudo junto e misturado, ao nosso jeito angu de culturalizar, fica assim decretado ser nossa embaixadora do sabor e que, aqui e acolá, o sabor seja o estandarte desse nosso povo a celebrar um país que tem raiz.

André Boccato

Muitos séculos

Muita tapioca

"Vai uma tapioquinha aí?", pergunta o garçom de uma sofisticada lanchonete de São Paulo ou do Rio de Janeiro. Pouco sabemos que esse convite já vem sendo feito há muitos séculos, com outras linguagens e em outros ambientes, nas mais recônditas paragens de nossa terra. Sim, pois a tapioca é muito antiga; assim como a sua mãe mandioca. Esta, ostenta os cabelos muito brancos por já ser cultivada há cerca de 7 mil anos, na Amazônia; a mandioca, macaxeira ou aipim é um marco básico da evolução civilizatória de alguns dos primeiros povos do que hoje chamamos de Brasil. E neste país de nome vegetal, essa raiz branca de casca escura, a *Manihot esculenta Crantz* domina a alimentação em todas as partes e em todos os tempos. Desde que os primeiros indígenas a plantaram, a colheram, a descascaram, a ralaram e escorreram seu suco venenoso, a mandioca é usada de inúmeras formas na alimentação.

São incontáveis as nações que a adotaram, desde as diversas do tronco Jê da Amazônia oriental até as muitas etnias tupi-guaranis que a espalharam para o centro da América do Sul e para todo o litoral brasileiro. Não é à toa que seu primeiro nome científico tenha sido *Manihot utilissima*. Todos os povos que vieram para cá, a começar pelos portugueses, a adotaram como alimento básico, *in natura*, como farinha, como beiju, como muitas outras iguarias e prazerosamente como tapioca. Quase todas as primeiras crônicas sobre o Brasil desde o século XVI falam dos mil usos da mandioca, chamada pelo padre Anchieta de "pão da terra", e mostram como a própria alimentação de Portugal foi "colonizada" às avessas pelo seu uso. Até os holandeses adotaram a nossa raiz, e não apenas no seu cotidiano: ela virou elemento de política de governo durante o domínio flamengo no Nordeste. O príncipe Maurício de Nassau, em 1638, expediu editais em que ordenava o cultivo intenso da macaxeira a todos os fazendeiros, defendendo as virtudes da planta.

FAZENDO *"TIPI-OG"*

E foi também um cientista holandês da época, Wilhelm Piso, que escreveu uma das primeiras observações sobre a tapioca, chamado pelos tupis de *"tipi-og"*. Depois de relatar o processo de tratamento da raiz para fazer farinha, ele nota: "da raiz espremida escorre um suco, chamado manipuera, o qual, deixado num vaso, adere ao fundo, num espaço de duas horas, de que se faz outra farinha, melhor que a primeira e com mais abundância de flor, a qual chamam creme de tipioca". A origem tupi do termo vem da significação literal de *"tipi-og"*, que se referia à goma da mandioca, significando: "tirado ou colhido no fundo; o sedimento, o coágulo, o resíduo do suco de mandioca." Na verdade, até hoje, o processo de fazer tapioca vai nesse sentido. Só que no Nordeste, maior consumidor de tapioca, esse sedimento que se deposita no fundo do caldo da *Manihot*, um amido, é tratado como "polvilho doce", que tem inúmeros usos. Mas, o que importa é que ele, mantido com 20 a 40% de umidade, deve ser passado por uma peneira e depositado num tacho em que é bem mexido por algum tempo, para formar os grãos de tapioca.

Nesse mesmo Nordeste, os portugueses descobriram que a tapioca podia ser um bom substituto para o pão. Em Pernambuco, há registro de uma casa de farinha já montada por luso-brasileiros ainda no século XVI, em Itamaracá. E em Olinda se consumia tão intensamente a tapioca que ela virou um paradigma da cidade até hoje: seus habitantes não têm dúvida de que a deles é a melhor do Brasil. O Conselho de Preservação do Sítio Histórico de Olinda concedeu à tapioca o título de Patrimônio Imaterial e Cultural da Cidade em 2006, mesmo ano em que Olinda recebeu o título federal de Primeira Capital Brasileira da Cultura. Logo a tapioca se espalhou e chegou ao século XX como prato integrante da culinária típica de diversos estados nordestinos, além de estar presente nas várias regiões brasileiras.

BOA PARA A SAÚDE

Várias de nossas nações indígenas consideravam a tapioca "alimento dos deuses". Os primeiros europeus que a estudaram logo reconheceram suas virtudes medicinais. "A tapioca e o carimã", afirma Piso, bebidas ou dadas em forma de xarope com água de flores de laranja e um pouquinho de açúcar, frequentemente desempenham um papel de antídoto [...], pois a tapioca, se for purificada e seca com muita lavagem, e se preservar da unidade serve de remédio aos fracos e disentéricos. Restabelece os febricitantes, desmaiados e atacados de venenos. Coíbe quaisquer hemorragias tanto tomada internamente quanto aplicada em forma de emplastro". O próprio padre José de Anchieta a incluía nas muitas virtudes medicinais da mandioca, que "se for defumada [...] fica tão saudável que bebida em água ou vinho é remédio presentíssimo contra peçonha [...] mas é cousa muito delicada e proveitosa para o peito e a febre." Tão boa assim, nada como fazê-la de muitas formas...

A maneira mais corrente de usar a tapioca ainda é a do beiju. Os beijus são feitos a partir da primeira goma da mandioca. O mais simples é um bolo dessa goma fresca, úmida, passado pela urupema (peneira de fibras vegetais) para formar grumos, que na assadeira de cerâmica ficam ligados; depois, enrolados em palha, podem ficar guardados por semanas. Além da forma beiju, a tapioca permite usos em intermináveis receitas. Só na lembrança dos mais antigos, proliferam os cuscuzes, as bolachinhas de goma, os pudins, os pãezinhos, as tortas... E quando se fala então da variante da tapioca em grãos brilhantes, verdadeiras pérolas, o sagu, aí qualquer vovozinha enlouquece lembrando dos doces de sagu com vinho, com leite, em bolos e em obras de arte da confeitaria, como as que Morena Leite apresenta neste seu livro.

VARIAÇÕES MIL

A partir da tapioca são confeccionadas também algumas bebidas alcoólicas, como o pajuari, o tarubá, o tapiocuí e a tiquira. Na fabricação do tarubá, os beijus umedecidos são colocados sobre folhas de curumi (*Ravenala guaianaense*), e estas sobre uma camada de folhas de bananeira estendida sobre um jirau (grade de varas). Após serem polvilhados, os beijus são recobertos com as folhas de curumi e deixados por três dias, quando começa a escorrer um líquido viscoso, semelhante ao melaço. A massa é dissolvida em água, passada pela peneira e o líquido é deixado repousando. Após o descanso, a bebida fica pronta. Já a tiquira é uma aguardente, forte como a cachaça, muito frequente no Maranhão e no Pará, e que deriva da destilação da massa fermentada e liquefeita.

É claro que no mundo moderno vão sendo criadas preparações cada vez mais sofisticadas da tapioca. E quando dizemos "mundo contemporâneo", estamos falando de muitos lugares. Não apenas de Portugal, que incorporou a mandioca em sua alimentação cotidiana, nem da África Ocidental, que tem algumas das maiores plantações de mandioca do mundo. Mas falamos também do Japão, da China e dos Estados Unidos, em que preparos com o sagu estão fazendo grande sucesso. A farinha de mandioca não fez tanto sucesso em outros países do Hemisfério Norte, porém, a tapioca está se espalhando por suas possibilidades na confeitaria. O mais importante é perceber as possibilidades infinitas da criação gastronômica da tapioca. Como Morena Leite, que na sua percepção elaborada viu a chance de uma "fusion" cultural como a do preparo de "blinis de tapioca com surubim defumado", em que tradições paraenses, mineiras e baianas se mesclam com o uso internacional de "blinis". E ao longo destas páginas, pudins, massas, moquecas, sopas, cestinhas, mil delícias tornam este livro capaz de produzir um efeito comum na mocinha da lanchonete, na vovozinha interiorana, no senhor conspícuo, no jovem radical, em todo mundo: água na boca.

Ricardo Maranhão

As nossas criações

BOLINHO DE ESTUDANTE RECHEADO COM QUEIJO SERRA DA CANASTRA

Ingredientes

• 65 g. de tapioca granulada • 65 ml de leite de coco • 65 ml de leite • 10 ml de azeite • 6 g. de alho picado • 60 g. de cebola picada • Sal e pimenta-do-reino a gosto • 200 g. de queijo Serra da Canastra em cubos • Óleo para fritar

Modo de preparo

Em uma frigideira aquecida, doure o alho, junte e refogue a cebola no azeite. Tempere com sal e pimenta-do-reino, acrescente o leite e bata no liquidificador. Hidrate a tapioca com a mistura batida, o leite de coco e deixe descansar por 30 minutos. Acerte o sal e a pimenta-do-reino. Modele os canapés recheando com o queijo e frite-os em óleo quente. Sirva a seguir.

Serve 25 unidades

Tempo de preparo 1 hora

Grau de dificuldade Fácil

TARTAR DE ATUM COM PÉROLAS DE TAPIOCA

Ingredientes

• 50 g. de sagu de tapioca • 3 g. de raiz de capim-santo
• 1/4 de limão-siciliano • 1/4 de limão-taiti • 1/4 de limão-cravo
• 10 ml de azeite extravirgem • 1 pitada de pimenta dedo-de-moça
• 3 g. de gengibre • 250 g. de lombo de atum fresco
• 4 g. de salsinha • Sal e pimenta-do-reino a gosto

Modo de preparo

Leve o sagu de tapioca ao fogo em uma panela com água para cozinhar. Quando a água ferver, retire o sagu do fogo, escorra em água corrente, coloque mais água e volte com o sagu para o fogo; deixe ele cozinhar até ficar transparente. Retire do fogo, escorra toda a água e tempere com a raiz de capim-santo bem picada, as raspas dos limões, o azeite, a pimenta dedo-de-moça picada e o gengibre picado. Reserve. Corte o atum em cubos pequenos, misture com o sagu temperado, acerte o sal e a pimenta-do-reino e coloque a salsinha. Sirva em seguida.

Serve 25 unidades
Tempo de preparo 30 minutos
Grau de dificuldade Fácil

CAMARÃO EMPANADO NA TAPIOCA

Ingredientes

• 250 g. de camarão bem limpo e com rabo (aproximadamente 25 unidades) • Raspas e suco de 3 limões (taiti, siciliano e cravo) • 1 pitada de pimenta dedo-de-moça picada • Um pouco de gengibre picado • 100 g. de tapioca granulada • 100 ml de leite • 100 ml de leite de coco • 4 ml de azeite • 1 pitada de sal • 1 pitada de pimenta-do-reino • Óleo para fritar

Modo de preparo

Tempere os camarões com parte do gengibre e a pimenta dedo-de-moça, as raspas e o suco dos limões e o sal. Reserve. Hidrate a tapioca com o leite de coco e o leite e tempere com sal, pimenta-do-reino, azeite, gengibre e pimenta. Reserve. Pegue aproximadamente 12 g. da massa de tapioca e cubra o camarão deixando somente o rabo à mostra. Aqueça o óleo e frite o camarão para que fique levemente dourado.

Serve 25 unidades

Tempo de preparo 90 minutos

Grau de dificuldade Médio

CHURROS DE TAPIOCA COM VATAPÁ DE FRUTOS DO MAR

Ingredientes

Churros • 20 ml de azeite • 1 pitada de alho picado • 30 g. de cebola picada • 100 ml de leite • 100 ml de leite de coco • 100 g. de tapioca granulada • 50 g. de queijo Serra da Canastra • Sal e pimenta-do-reino a gosto • Óleo para fritar

Vatapá de frutos do mar • 50 g. de camarão fresco e limpo • 50 g. de lagosta limpa • 10 ml de azeite • 1\2 limão-taiti (raspa e suco) • 1\2 limão-cravo (raspas e suco) • 1\2 limão-siciliano (raspas e suco) • Gengibre e pimenta dedo-de-moça picados a gosto • Sal e pimenta-do-reino a gosto • 3 g. de alho picado • 30 g. de cebola picada • 15 g. de pimentão vermelho • 15 g. de pimentão amarelo • 30 g. de tomate em cubos sem sementes • 80 ml de leite de coco • 20 g. de pão de forma • 3 g. de amendoim • 5 g. de castanha-de-caju • 5 g. de salsinha picada • 50 ml de leite • 5 ml de azeite de dendê

Modo de preparo

Churros • Em uma frigideira aquecida com azeite, doure o alho, junte e refogue a cebola. Tempere com sal e pimenta-do-reino, acrescente o leite e bata no liquidificador. Hidrate a tapioca com a mistura batida, o leite de coco e deixe descansar por 30 minutos. Adicione o queijo ralado e tempere com sal e pimenta-do-reino. Coloque a massa no saco de confeiteiro com o bico pitanga para modelar os churros (caso não tenha, coloque em uma sacola plástica transparente e faça um rolinho e, com uma tesoura, corte a massa em pequenos cilindros). Frite em óleo quente até dourar. Coloque o churro em papel toalha para tirar o excesso do óleo.

Vatapá de frutos do mar • Tempere os frutos do mar com sal, pimenta-do-reino, as raspas e suco dos limões, um pouco do azeite, gengibre e pimenta dedo-de-moça. Reserve. Em uma frigideira aquecida com azeite, doure o alho, junte e refogue a cebola, acrescente os pimentões e refogue bem. Junte os frutos do mar e o tomate. Adicione o leite de coco. Junte o pão, o amendoim, a castanha-de-caju, a salsinha e o leite. Bata tudo no liquidificador, volte ao fogo. Corrija o sal e a pimenta-do-reino; acrescente o azeite de dendê. Sirva a seguir.

Serve 20 unidades

Tempo de preparo 45 minutos

Grau de dificuldade Médio

SOPA DE CENOURA COM TAPIOCA

Ingredientes

• 50 g. de azeite extravirgem • 15 g. de alho • 100 g. de cebola
• 1 litro de caldo de legumes • 1 kg de cenoura • 100 g. de tapioca granulada
• Sal e pimenta-do-reino a gosto • 5 g. de gengibre

Modo de preparo

Passe a cenoura em um processador para extrair o seu suco. Reserve.
Em uma panela aquecida, doure o alho no azeite, junte e refogue a cebola. Em seguida acrescente o suco extraído da cenoura, junte o caldo de legumes e a tapioca granulada. Tempere com sal e pimenta-do-reino a gosto e por último o gengibre ralado. Cozinhe e mexa sempre até obter um creme mais espesso. Sirva a seguir.

Serve 4 porções
Tempo de preparo 40 minutos
Grau de dificuldade Fácil

BLINIS DE TAPIOCA COM BETERRABA, ESPINAFRE E BURRATA

Ingredientes

Blinis • 40 ml de azeite • 15 g. de alho picado • 150 g. de cebola picada • 120 ml de suco de beterraba concentrado • 120 ml de leite de coco • 120 g. de tapioca granulada • 50 g. de coco fresco ralado • 50 g. de queijo Serra da Canastra ralado • Sal e pimenta-do-reino a gosto
Espinafre • 10 ml de azeite • 5 g. de alho picado • 200 g. de espinafre • Sal e pimenta-do-reino a gosto • 120 g. de burrata

Modo de preparo

Blinis • Em uma frigideira aquecida, coloque o azeite, doure o alho, junte e refogue a cebola. Tempere com sal e pimenta-do-reino, acrescente o suco de beterraba e bata no liquidificador. Hidrate a tapioca com a mistura batida e o leite de coco. Deixe descansar por 30 minutos. Adicione o coco ralado, o queijo Serra da Canastra e tempere com sal e pimenta-do-reino. Divida a massa em quatro e modele em discos altos. Em uma frigideira antiaderente bem quente com um fio de azeite, doure os blinis um a um. **Espinafre** • Aqueça o azeite em uma frigideira, doure o alho e tempere com sal e pimenta-do-reino. Acrescente o espinafre e acerte o sal. Reserve. **Montagem** • Em um prato disponha o blini, coloque uma pequena porção da burrata amassada e acrescente o espinafre. Sirva a seguir.

Serve 4 porções
Tempo de preparo 40 minutos
Grau de dificuldade Fácil

MIL-FOLHAS DE TAPIOCA COM ARATU

Ingredientes

• 400 g. de catado de aratu • 1 limão-siciliano • 1 limão-taiti • 1 limão-cravo • 20 g. de alho picado • 100 ml de azeite extravirgem • 200 g. de cebola picada • 40 g. de pimentão vermelho em cubos • 40 g. de pimentão amarelo em cubos • 60 g. de tomate em cubos • 30 g. de coco ralado (fresco) • 100 ml de leite de coco • 20 ml de azeite de dendê • 3 discos de tapioca de 6 cm de diâmetro cada um • Sal, pimenta-do-reino, pimenta dedo-de-moça, gengibre e salsinha a gosto

Modo de preparo

Tempere o aratu com sal, pimenta-do-reino, raspas e suco dos limões, gengibre e pimenta dedo-de-moça picada. Numa frigideira, doure o alho no azeite, adicione e refogue a cebola e os pimentões. Deixar refogar uns instantes e em seguida acrescente o aratu, o tomate, o coco, o leite de coco e o azeite de dendê. Cozinhe em fogo baixo até reduzir todo o líquido. **Montagem** • Monte intercalando o disco de tapioca e o aratu refogado. Sirva em seguida.

Serve 4 porções

Tempo de preparo 30 minutos

Grau de dificuldade Médio

BLINIS DE TAPIOCA COM SURUBIM DEFUMADO

Ingredientes

Blinis • 40 ml de azeite • 15 g. de alho picado • 150 g. de cebola picada • 120 ml de leite • 120 ml de leite de coco • 120 g. de tapioca granulada • 50 g. de coco fresco ralado • 50 g. de queijo Serra da Canastra • Sal e pimenta-do-reino a gosto • 80 g. de coalhada seca • 100 g. de surubim defumado **Vinagrete de abacaxi** • 1 unidade de cebola roxa picada em cubos • Raspas e suco de 3 limões (taiti, cravo e siciliano) • 1\2 unidade de abacaxi picado em cubos • Gengibre e pimenta dedo-de-moça picada e sem sementes a gosto • Hortelã picada a gosto • Sal e pimenta-do-reino a gosto

Modo de preparo

Blinis • Em uma frigideira aquecida, coloque o azeite, doure o alho, junte e refogue a cebola. Tempere com sal e pimenta-do-reino, acrescente o leite e bata no liquidificador. Hidrate a tapioca com a mistura batida, o leite de coco e deixe descansar por 30 minutos. Adicione o coco ralado, o queijo Serra da Canastra e tempere com sal e pimenta-do-reino. Divida a massa em quatro e modele em discos altos. Em uma frigideira antiaderente bem quente com um fio de azeite, doure os blinis um a um. **Vinagrete** • Em uma tigela, marine a cebola roxa com o suco dos limões. Reserve. Em outro recipiente, coloque o abacaxi, as raspas dos limões, o gengibre, a pimenta dedo-de-moça e a hortelã. Acrescente a cebola roxa marinada e acerte o sal e a pimenta-do-reino. **Montagem** • Em um prato, disponha o blini, coloque uma pequena porção da coalhada seca, acrescente uma fatia do surubim defumado e o vinagrete de abacaxi. Sirva a seguir.

Serve 4 porções
Tempo de preparo 30 minutos
Grau de dificuldade Médio

CESTINHA DE TAPIOCA COM BETERRABA, SALADA VERDE E QUEIJO DE CABRA

Ingredientes

Cestinha • 120 g. de polvilho doce
• 180 g. de suco de beterraba concentrado • 120 g. de parmesão ralado
Salada • 30 g. de alface-americana • 30 g. de rúcula • 30 g. de agrião
• 30 g. de radicchio • 180 g. de queijo de cabra em bolinhas

Modo de preparo

Cestinha • Umedeça o polvilho com o suco da beterraba e passe por uma peneira. Aqueça uma frigideira antiaderente e polvilhe a tapioca hidratada. Aguarde até que suas pontas levantem e vire com uma espátula; salpique o parmesão ralado, vire-a e deixe dourar o parmesão. Com o auxílio de uma espátula, retire a tapioca e coloque em um recipiente para que esfrie e tome a forma da cestinha. **Salada** • Rasgue as folhas e misture-as; disponha as folhas em cada cestinha, coloque o queijo por cima e sirva a seguir.

Serve 4 porções
Grau de dificuldade Médio
Tempo de Preparo 30 minutos

SOPA DE MANDIOQUINHA COM OVAS NEGRAS DE TAPIOCA

Ingredientes

• 500 g. de mandioquinha • 10 g. de alho • 50 ml de azeite extravirgem • 100 g. de cebola • 10 g. de sal • 5 g. de pimenta-do-reino • 1 litro de caldo de legumes • 20 g. de mel • 50 g. de sagu de tapioca • Tinta de lula (1 pacote)

Modo de preparo

Descasque a mandioquinha e reserve. Doure o alho no azeite, junte e refogue a cebola. Tempere com sal e pimenta. Acrescente a mandioquinha picada e o caldo de legumes e deixe cozinhar até a mandioquinha ficar bem molinha. Bata no liquidificador. Volte ao fogo, acerte o tempero e adicione o mel. Cozinhe o sagu em água fervente até ficar macio e transparente, escorra e coloque a tinta de lula para tingir.

Serve 4 porções

Tempo de preparo 45 minutos

Grau de dificuldade Fácil

RAVIÓLI DE TAPIOCA COM QUEIJO SERRA DA CANASTRA

Ingredientes

Massa do ravióli • 60 g. de cebola cortada em cubinhos • Sal e pimenta-do-reino a gosto • 200 ml de leite integral • 200 g. de tapioca granulada • 200 ml de leite de coco • 200 g. de queijo Serra da Canastra ralado

Recheio do ravióli • 140 g. de queijo Serra da Canastra em cubos

Molho • 80 ml de azeite • 20 g. de alho picado • 120 g. de cebola em cubos • 600 ml de creme de leite fresco • 100 g. de salsinha picada • Ervas frescas a gosto (manjericão, alecrim, tomilho, sálvia) • Sal e pimenta-do-reino a gosto

Modo de preparo

Ravióli • Hidrate a tapioca com 100 ml do leite integral. Reserve. Em seguida, caramelize a cebola em uma frigideira. Bata no liquidificador a cebola caramelizada com o queijo Serra da Canastra ralado e a outra metade do leite integral. Adicione esta mistura na tapioca hidratada. Adicione o sal e a pimenta-do-reino na massa e misture. **Recheio** • Usando um rolo, abra metade da massa. Faça bolinhas com os cubos de queijo Serra da Canastra e distribua em cima da massa aberta. Abra a outra parte da massa e coloque por cima das bolinhas. Corte os raviólis com o vasador. Reserve na geladeira por 30 minutos. Em uma frigideira teflon, grelhe os raviólis até dourar os dois lados e sirva com o molho. **Molho** • Doure no azeite o alho, junte e refogue a cebola. Tempere com sal e pimenta-do-reino e acrescente o creme de leite. Adicione a salsinha e as ervas picadas, deixando reduzir. Tempere novamente com sal.

Serve 4 porções

Tempo de preparo 60 minutos

Grau de dificuldade Médio

MOQUECA COM FAROFA DE BEIJU

Ingredientes

Moqueca • 800 g. de filé de robalo limpo • 10 g. de alho • 200 g. de cebola grande • 400 g. de tomates • 50 g. de pimentão amarelo • 50 g. de pimentão vermelho • Pimenta dedo-de-moça e gengibre picados a gosto • 1 limão-siciliano • 1 limão-taiti • 1 limão-cravo • 60 ml de azeite • 10 ml de azeite de dendê • 200 ml leite de coco • Sal e pimenta do reino a gosto • Salsinha picada a gosto

Beiju • 200 g. de farinha para tapioca • 50 g. de manteiga sem sal • 50 g. de parmesão ralado

Modo de preparo

Moqueca • Corte a cebola, o alho, os tomates e os pimentões em cubinhos. Elimine as sementes da pimenta dedo-de-moça e pique finamente. Tempere o robalo com a pimenta dedo-de-moça, gengibre, suco e raspas dos limões, sal e pimenta-do-reino. Em uma panela aquecida com o azeite, doure o alho e refogue a cebola, junte os pimentões e o robalo. Acrescente o tomate, o leite de coco e deixe cozinhar por alguns minutos. Ajuste o tempero. Adicione o azeite de dendê e finalize com a salsinha. **Beiju** • Prepare a tapioca conforme instruções do fabricante. Derreta a manteiga e disponha sobre as tapiocas. Cubra com queijo parmesão ralado. Leve ao forno para dourar o queijo. Passe pelo processador e sirva sobre a moqueca.

Serve 4 porções

Tempo de preparo 40 minutos

Grau de dificuldade Fácil

CAMARÃO ENSOPADO COM CREME DE PALMITO PUPUNHA E TAPIOCA COM CASTANHA-DO-PARÁ ACOMPANHADO DE ARROZ DE COCO

Ingredientes

Camarão • 300 g. de camarão com rabo • Gengibre e pimenta dedo-de-moça a gosto • 1/2 limão-taiti • 1/2 limão-siciliano • 1/2 limão-cravo • 60 ml de azeite • 10 g. de alho • 100 g. de cebola • 200 g. de palmito pupunha • 150 ml de leite • 40 g. de xerém de tapioca • 30 ml de azeite • 5 g. de alho • 200 g. de cebola • 1 coco fresco (polpa e água) • 200 ml de leite de coco • Sal e pimenta-do-reino a gosto • 50 g. de castanha-do-pará
Arroz • 100 g. de arroz branco cozido • 25 g. de coco ralado fresco • 100 ml de leite de coco • 5 g. de salsinha • Sal e pimenta-do-reino a gosto

Modo de preparo

Camarão • Tempere o camarão com gengibre picado, pimenta picada, raspas dos limões e suco de um limão, o sal e a pimenta-do-reino a gosto. Reserve. Doure o alho no azeite, acrescente e refogue a cebola e tempere com sal e pimenta. Agregue o palmito pupunha em cubos, acrescente um pouco de água e cozinhe até o palmito amolecer. Bata no liquidificador; se necessário adicione um pouco do leite. Reserve. Hidrate o xerém de tapioca com o leite, reservar. Doure o restante do alho, refogue a cebola e acrescente os camarões. Adicione o creme de palmito, a tapioca umedecida, a água e a polpa do coco, o leite de coco, acerte o sal e a pimenta-do-reino e cozinhe por alguns minutos. Acerte o sal o pimenta-do-reino. Finalize com a castanha-do-pará em lascas e a salsinha. **Arroz** • Numa panela, agregue o arroz, o coco fresco ralado, o leite de coco e a salsinha. Acerte o sal e a pimenta-do-reino.

Serve 4 porções
Tempo de preparo 40 minutos
Grau de dificuldade Médio

ALIGOT DE TAPIOCA COM RAGU DE FRUTOS DO MAR

Ingredientes

Aligot • 50 ml de azeite • 200 g. de cebola • Sal a gosto
• 300 ml de leite integral • 40 g. de parmesão ralado • 60 g. de catupiry
• 80 g. de queijo Serra da Canastra • 100 g. de tapioca granulada

Ragu de frutos do mar • 4 caudas de lagosta • 30 ml de azeite extravirgem
• 5 g. de alho • 200 g. de cebola picada • 100 g. de camarões médios limpos
• 100 g. de lula limpa cortada em anéis • 200 g. de tentáculo de polvo cozido
• 400 g. de tomates picados em cubos • Raspas e suco de três limões (taiti, siciliano e cravo)
• Sal, pimenta-do-reino, gengibre e pimenta dedo-de-moça e salsinha a gosto

Modo de preparo

Aligot • Em uma panela, refogue a cebola no azeite e bata no liquidificador com o leite. Volte ao fogo com o queijo Serra da Canastra e o parmesão ralados, o catupiry e a tapioca granulada, tempere com sal. Deixe ferver e mexa até a tapioca ficar cozida. Bata no liquidificador e volte ao fogo, até ficar com consistência cremosa e espessa. Sirva quente. **Ragu de frutos do mar** • Tempere a lagosta com sal, pimenta-do-reino, raspas e suco dos limões, pimenta e gengibre picados. Reserve. Em uma frigideira, aqueça o azeite, doure o alho picado, refogue a cebola, junte a lagosta, os camarões, a lula e o polvo e deixe secar todo o líquido. Acrescente o tomate picado e deixe reduzir. Acerte o tempero. Salpique salsinha e sirva a seguir.

Serve 4 porções
Tempo de preparo 30 minutos
Grau de dificuldade Médio

TAPIOCA DE ABÓBORA COM CARNE-SECA

Ingredientes

• 20 ml de manteiga de garrafa • 100 g. de cebola cortada em tiras • 100 g. de abóbora japonesa em cubos • 200 g. de carne-seca dessalgada e desfiada • 100 g. de polvilho doce • 60 ml de suco de abóbora pescoço (cerca de 300 g. de abóbora pescoço passada na centrífuga) • Sal e pimenta-do-reino a gosto

Modo de preparo

Em uma frigideira, aqueça a manteiga de garrafa, refogue a cebola, junte a abóbora japonesa e a carne-seca. Acerte o sal e a pimenta. Reserve. Passe a abóbora pescoço pela centrífuga. Umedeça o polvilho com o suco extraído e passe por uma peneira. Aqueça uma frigideira antiaderente e polvilhe a tapioca hidratada, aguarde até que suas pontas levantem e vire com uma espátula. Disponha o recheio de carne-seca e feche. Sirva a seguir.

Serve 4 porções

Tempo de preparo 20 minutos

Grau de dificuldade Fácil

PIRÃO DE TAPIOCA COM CARNE-SECA

Ingredientes

Carne seca • 100 ml de manteiga de garrafa • 200 g. de cebola cortada em tiras • 400 g. de carne-seca dessalgada e desfiada • Sal e pimenta-do-reino a gosto • Salsinha a gosto **Pirão de tapioca** • 200 g. de cebola cortada em cubos • 50 ml de azeite • 200 ml de leite integral • 100 ml de leite de coco • 80 g. de queijo Serra da Canastra • 100 g. de tapioca granulada

Modo de preparo

Carne seca • Em uma frigideira, aqueça a manteiga de garrafa, refogue a cebola, junte a carne-seca, acerte o sal e a pimenta. Finalize com salsinha e reserve. **Pirão de tapioca** • Em uma panela, refogue a cebola no azeite, junte o leite, o leite de coco, o queijo Serra da Canastra e a tapioca. Tempere com sal. Deixe ferver e mexa até a tapioca ficar cozida. Bata no liquidificador, e volte ao fogo até ficar com consistência cremosa e espessa. Sirva quente.

Serve 4 porções
Tempo de preparo 30 minutos
Grau de dificuldade Médio

CUSCUZ DE TAPIOCA

Ingredientes

• 100 g. de tapioca granulada • 100 ml de leite • 100 ml de leite de coco
• 30 g. de coco fresco ralado • 50 ml de leite condensado
• Coco seco em lascas para decorar

Modo de preparo

Hidrate a tapioca granulada com o leite e o leite de coco. Aguarde 40 minutos. Acrescente o leite condensado e o coco ralado misture e deixe descansar por 30 minutos. Enforme esta massa nas forminhas próprias molhadas para não grudar. Desenforme e sirva acompanhado de leite condensado, com lascas de coco seco por cima.

Serve 4 porções
Tempo de preparo 30 minutos
Grau de dificuldade Médio

SAGU DE TAPIOCA COM BANANA

Ingredientes

• 1,5 litro de água (500 ml para cada fase do sagu) • 80 g. de sagu de tapioca • 100 g. de açúcar • 4 bananas-nanicas maduras firmes picadas em cubinhos • 200 ml de leite de coco • 50 ml de leite condensado • 50 ml de água • 50 g. de coco fresco ralado

Modo de preparo

Coloque 500 ml de água no fogo médio. Deixe o sagu cozinhar até ferver, escorra e lave com água fria. Repita o processo três vezes consecutivas, até que o sagu fique completamente transparente. Em uma panela, aqueça o açúcar e faça um caramelo claro. Adicione a água e deixe incorporar; acrescente a banana e reserve. No sagu escorrido e frio, adicione o leite de coco, o leite condensado e o coco fresco. Disponha em pequenas porções, coloque a banana caramelizada e sirva a seguir.

Serve 4 porções

Tempo de preparo 60 minutos

Grau de dificuldade Médio

SAGU DE TAPIOCA COM MORANGO, ESPUMANTE ROSÉ E SORBET DE GRAVIOLA

Ingredientes

• 880 g. de sagu de tapioca • 2 g. pimentas dedo-de-moça picadas sem sementes • 80 g. de açúcar refinado • 4 g. de hortelã picada • 400 g. de morango • 280 g. de sorbet de graviola (4 bolas) • 4 unidades de anis-estrelado • 4 g. de gergelim preto • 80 ml de espumante rosé

Modo de preparo

Coloque 1 litro de água para ferver. Deixe o sagu cozinhar por três minutos em água fervente; escorra e lave em água fria. Repita o processo três vezes consecutivas, até que o sagu fique completamente transparente. Depois de completar a primeira etapa, adicione no sagu a pimenta dedo-de-moça, o açúcar e a hortelã bem picadinha. Reserve. Pique o morango em pequenos cubos de mesmo tamanho.

Montagem • Misture o sagu e o morango e sirva numa taça de martíni com uma bola de sorbet de graviola disposta no centro. Decore com gergelim preto e anis-estrelado. Finalize na mesa, despejando espumante rosé sobre o sorvete.

Dica • O sorbet de graviola pode ser substituído por sorbet de lichia.

Serve 4 porções

Tempo de preparo 60 minutos

Grau de dificuldade Fácil

TIMBALE DE TAPIOCA COM CENOURA E GANACHE DE CHOCOLATE

Ingredientes

Timbale • 100 ml de água de coco • 200 g. de cenoura • 100 g. de tapioca granulada • 100 ml de leite de coco • 30 g. de coco fresco ralado • 50 ml de leite condensado

Ganache • 200 g. de chocolate meio amargo • 100 ml de creme de leite fresco

Modo de preparo

Timbale • Bata a cenoura com a água de coco até obter um líquido alaranjado. Peneire. Hidrate a tapioca granulada com o concentrado batido da cenoura e o leite de coco. Aguarde 40 minutos. Acrescente o leite condensado e o coco ralado, misture e deixe descansar por 30 minutos. Enforme essa massa em aro de 5 cm de diâmetro. Desenforme e sirva acompanhado da ganache. **Ganache** • Em banho-maria, derreta o chocolate e acrescente o creme de leite, reserve. **Montagem** • Disponha os discos de tapioca sobre o prato, despeje por cima a calda de chocolate.

Serve 4 porções

Tempo de preparo 45 minutos

Grau de dificuldade Fácil

PUDIM DE TAPIOCA

Ingredientes

Pudim • 50 g. de coco fresco ralado • 200 ml de leite de coco • 100 g. de tapioca • 100 ml de creme de leite • 200 ml de leite condensado • 4 ovos

Calda • 200 g. açúcar • 200 ml de água

Modo de preparo

Pudim • Misture o coco à tapioca e o leite de coco e deixar descansar por 30 minutos. Acrescente o creme de leite, o leite condensado e os ovos e bata no liquidificador. Unte forminhas individuais de pudim com manteiga e polvilhe com açúcar. Acrescente a calda de açúcar fria na massa e leve ao forno preaquecido a 180°C em banho-maria por aproximadamente 35 minutos. **Calda** • Leve ao fogo o açúcar para caramelizar; em seguida, adicione a água e deixe reduzir.

Serve 4 porções

Tempo de preparo 60 minutos

Grau de dificuldade Fácil

PIRULITO DE TAPIOCA COM GOIABADA

Ingredientes

• 110 g. de tapioca granulada • 80 ml de água de coco
• 80 ml de leite de coco • 20 g. de coco fresco ralado
• 100 g. de goiabada cremosa

Modo de preparo

Hidrate a tapioca granulada com a água de coco e o leite de coco. Aguarde 40 minutos. Acrescente a goiabada e o coco ralado, misture e deixe descansar por 30 minutos. Modele pequenos cubinhos, coloque nos palitos e sirva a seguir.

Serve 10 quadradinhos de 40 g. cada
Tempo de preparo 30 minutos
Grau de dificuldade Fácil

SONHOS DE TAPIOCA RECHEADOS COM CREME DE CUPUAÇU

Ingredientes

Sonhos • 250 g. de tapioca granulada • 375 ml de leite de coco • 1 ovo • 4 g. de fermento químico • 25 g. de açúcar • Óleo para fritar

Creme de cupuaçu • 300 ml de leite • 4 gemas peneiradas 150 ml de leite condensado • 200 g. de geleia de cupuaçu

Modo de preparo

Sonhos • Hidrate a tapioca granulada com o leite de coco. Aguarde 40 minutos. Acrescente o ovo ligeiramente batido, o açúcar, o fermento, misture e deixe descansar por 30 minutos. Modele pequenas bolinhas de, aproximadamente, 80 g. Frite em óleo quente. Corte ao meio e recheie com creme de cupuaçu. **Creme de Cupuaçu** • Leve todos os ingredientes ao fogo baixo e mexa sempre até obter um creme espesso. Deixe esfriar para rechear os sonhos. **Dica** • Servir com pinceladas de açaí reduzido em fogo baixo com um pouquinho de açúcar. E com sorbet de bacuri.

Serve 10 porções

Tempo de preparo 45 minutos

Grau de dificuldade Fácil

Obrigada aos

Adilson de Souza Oliveira, Ailton Aparecido Rodrigues, Ana Lua Batista dos Santos, Cassio Henrique de Assis, Cesar Brum de Assis, Claudia Andreia Calisto Ansolin, Elies Conceição dos Santos, Erisvan Silva Macedo, Flavio da Silva Dias, Francianne Santos Silva, Francisco José Alves de Sá, Francisco Leonardo Carneiro, Isael de Sousa Ferreira, Jamila Lopes Barbosa, Janaria Lopes Barbosa, Jandes de Araujo Moraes, Jeferson Alexandre Penteado, João Batista Marinho, Joaquim Cavalcante Junior, Jordy Silva Sobrinho, José Anselmo Liborio Pereira, José Henrique Santos Melgaço, José Raimundo Brito dos Santos, Jurandir Antonio de Barros, Katia Cristina Souza Silva, Maicon Wagner da Silva, Maria Dorisvania da Silva Gomes, Mauro Júnior da Silva, Ronaldo Alves Leandro, Rosana Alves De Jesus, Silvan Novais Matos, Simão da Silva Dias, Zuleica Moreira Caetite, Adão Filho Duarte da Silva, Antonio Carlos Chadi, Benedito Edvaldo Rodrigues da Silva, Carlos Abreu do Nascimento, Carlos Antonio de Araújo Morais Silva, Cristina Roque de Souza, Daniel Ferreira de Souza, Deivid José Luiz Silva Nogueira, Douglas Luis da Silva, Eliane Sanches Ferrari, Elvis Teixeira de Sousa, Erinaldo dos Santos do Nascimento, Fernanda Urbano da Silva Penna Francisco, Francisco Jair Sobrinho, Genivaldo Pedro da Silva, Gerson Alves da Silva, Gonçalo Evaristo Alves, Ivanildo Vitorio da Costa, Izabel Cristina dos Santos, Janderson de Lima Silva, Janoco Benicio de Carvalho, Jeovane Evangelista Sacramento, Jinaldo Carlos de Souza, João Pedro Gonçalves de Oliveira, José Carlos do Nascimento Fernandes, José Severino dos Santos, Juarez Rodrigues de Souza, Kassio De Araujo Morais Silva, Liliane Gonçalves, Lindinalva

meus amigos

Ribeiro da Silva, Luciana Caleiro Palma Chedid Butcher, Marcos Antonio Conceição de Oliveira, Maria Alencar Souto Severino, Matheus Antunes, Nathalia Felismina de Lima, Paulo Ricardo Safra, Rafael Machado de Miranda, Roberto Freire de Lima, Romário dos Santos Souza, Rosana Lopes da Silva, Samantha Vasconcelos, Silvia da Silva Ferreira, Sophie Goldstein Castilho, Thalyta Barbosa Lucas, Tiago Mendonça de Souza, Uanderson Alves, Adriana Santos Souza, Anicanor de Oliveira Cruz Junior, Denise Vieira de Souza, Edvaldo de Almeida Oliveira, Genivaldo Liborio da Silva, Gilvane da Silva Borges, Jefferson Silva Nascimento, Joana da Silva Dias, Marcos Antonio Conceição dos Santos, Matheus Lins Alencar, Mayara Sanches Ferrari, Phellippe Alves Torrella, Simone Osmandes Ceccato, Taline Reis Santos, Thailon Barbosa de Castro, Thais Pereira Cunha, Willian Felipe Aparecido dos Santos, Alan Fernandes da Silva, Alexandre da Silva, Ana Claudia S. Cruz, Breno Mazzeto Guarnieri, Claudia Elaine Ramos, Cristiane da Silva, Diego Rigara Sacramento, Ednaldo Pereira de Araújo, Eduardo Cardoso Rocha, Evandro Freitas, Felipe Dias Chagas, Fernando Luiz Teixeira Ernesto, Fernando Neves Rodrigues, Flávio Moraes Fonseca, Francisca dos Santos Lima, Glecia de Jesus Silva, Guilherme Furtado dos Santos, Jessica Sousa dos Santos, José de Arimateia Marinho de Santos, José Maria de Carvalho, Juliana Teresa da Silva, Ricardo Costa de Jesus, Ricardo Neves Rodrigues, Roberto Rivelino Santos Melgaço, Rosimare da Silva Cruz, Sanae Alves Mattos, Sérgio Roberto Fontinele de Oliveira, Sheila Souza Lima, Sueli Ferreira dos Santos e Tatiane Aparecida Vonstein.

MORENA LEITE

A chef Morena Leite cresceu na cozinha do restaurante dos seus pais em Trancoso, na Bahia. Fez o caminho inverso dos portugueses que há 500 anos chegaram àqueles mares em busca de especiarias. Morena seguiu para a Europa e se formou na Cordon Bleu em 1999 como chef de cozinha e confeitaria em Paris. De volta ao Brasil, aporta no Capim Santo de São Paulo, com a missão de divulgar a cultura do seu país por intermédio da cozinha, sempre tendo como seu principal ingrediente o afeto e a valorização da sua equipe. São 80 cozinheiros entre oito das suas cozinhas! Morena gosta de se comunicar. Gosta de contar e ouvir histórias e, ao seu modo, captar e expressar essas histórias por meio de receitas.

Hoje, além dos restaurantes Capim Santo e Santinho – este último com três endereços em São Paulo: no Museu da Casa Brasileira, no Instituto Tomie Ohtake e no tradicional e histórico Theatro Municipal –, Morena também comanda um bufê de eventos corporativos e sociais e está ainda à frente de seu instituto, o Centro de Capacitação Gastronômica, para jovens de escolas públicas. Sua paixão e sua dedicação levaram à televisão para apresentar o programa *Tasted*. Além disso, publicou oito livros de receitas. TAPIOCA é o seu mais novo trabalho – no qual, com uma grande dose de criatividade, Morena Leite dedica atenção especial ao ingrediente que ela considera ser a pérola da cozinha brasileira; mostrando a versatilidade desta goma extraída da nossa grande raiz, a mandioca.

BRASILEIRA

Companhia Editora Nacional

Diretor superintendente: Jorge Yunes
Diretora editorial adjunta: Soraia Reis
Editora: Anita Deak
Assistência editorial: Audrya de Oliveira
Coordenação de arte: Márcia Matos

BOCCATO

Editores: André Boccato e Emiliano Boccato
Coordenação Administrativa: Maria Aparecida C. Ramos

Receitas: Chef Morena Leite
Execução das receitas: Sanae, Meia-Noite, Zequinha, Teco, Amiguinho e Fernanda
Textos: André Boccato e Ricardo Maranhão
Revisão de Textos: Jorge Cotrin e Ceci Meira
Projeto gráfico: Camilla Sola / Bee Design
Fotos das receitas: Cristiano Lopes
Fotos: págs. 8, 12, 14 e 17 IStockphoto; pág. 5 Helena de Castro; pág. 71 Gisele França.

CIP-BRASIL. CATALOGAÇÃO NA PUBLICAÇÃO
SINDICATO NACIONAL DOS EDITORES DE LIVROS, RJ

L554t
Leite, Morena
Tapioca : história e receitas / Morena Leite. - 1. ed. -
São Paulo : Companhia Editora Nacional : Boccato, 2016.
72 p. : il. ; 20 cm.
ISBN 978-85-04-02033-5
1. Culinária (Mandioca) - Receitas. I. Título.
16-37025 CDD: 641.5
CDU: 641.5

13/10/2016 17/10/2016

Companhia Editora Nacional
Rua Funchal, 263 - bloco 2 – Vila Olímpia
São Paulo – SP – 04551-060 – Brasil – Tel.: (11) 2799-7799
www.editoranacional.com.br – comercial@ibep-nacional.com.br